7 Minuten vor Mitternacht

Rita Janaczek

Machandel Verlag

Machandel Verlag Haselünne
Charlotte Erpenbeck
machandelverlag@googlemail.com
Cover-Design: Ch. Erpenbeck
Mit Bildern von vork/depositphotos.com
und toots/yayimages.com
Druck: booksfactory.de
1. Auflage 2024
ISBN 978-3-95959-445-5

Inhaltsverzeichnis

58:45 Stunden

Meist gibt es nur eine im Leben - eine beste Freundin. Ich bin froh, Levke zu haben. Wir gehen in dieselbe Klasse, mögen dieselbe Musik, können gemeinsam über jeden Blödsinn lachen. Wir machen alles zusammen. Mit ihr verfliegt die Zeit viel zu schnell. Meiner besten Freundin Levke kann ich alles erzählen. Fast alles. Was zu Hause abgeht behalte ich für mich. Und von der Axt unter meinem Bett weiß sie auch nichts.

Nach dem Klingeln verlassen wir gemeinsam das Schulgebäude. Levke und ich leben in unterschiedlichen Welten und dennoch, oder gerade deswegen, mögen wir uns. Sie läuft relaxed in Richtung Bushaltestelle und ich rückwärts vor ihr her, Auge in Auge.

„Danke Selina. Ohne deine Hilfe hätte ich die Mathearbeit nicht gepackt."

„Kannst du stolz drauf sein", sage ich. Und das meine ich genauso. „Die Drei ist super, und nächstes Mal wird's eine Zwei." Das schafft sie, da bin ich mir sicher.

„Na, ich weiß nicht."

„Klar doch. Überleg mal. In der Siebten haben deine Eltern noch Panik geschoben, du könntest auf eine Sechs abrutschen."

„Stimmt", sagt Levke. Sie grinst. Wenn sie das macht und ein kleines Grübchen auf ihrer rechten Wange erscheint, sieht sie noch süßer aus. Die Jungs aus unserer Klasse sind alle hinter ihr her. Aber die sind ihr zu kindisch. Dem kann ich nur zustimmen. Da hilft nur Abstand halten.

Mir gefällt Joel, aber er ist in der Zehn, zwei Klassen über mir, unerreichbar.

Levkes Eltern sind Zahnärzte. Sie haben es anfangs nicht gern gesehen, dass sie sich mit mir abgibt. Aber jetzt, wo ihre Noten besser werden, tolerieren sie den Umgang ihrer Tochter. Trotzdem sind sie mir gegenüber sehr distanziert, vielleicht sogar misstrauisch. Dabei können sie mir voll vertrauen. Ich mag Levke total. Deshalb habe ich ihr nicht beigebracht, wie sie geschickt Abschreiben oder Spicken kann. Stattdessen haben wir gemeinsam Matheformeln gepaukt und Probeaufgaben gemacht, bis uns beiden die Köpfe rauchten. Levke ist gar nicht so schlecht in der Schule, aber Mathe und Bio sind nicht so ihr Ding. Im Gegensatz dazu sind es meine absoluten Lieblingsfächer.

Der Bus fährt an uns vorbei und hält in Sichtweite an der Haltestelle. Es sieht nach

Regen aus. Wir sprinten und erreichen die Tür. Das erste Gedränge hat sich bereits gelegt. Der alte Schulbus ist proppenvoll. Wir stellen unsere Taschen ab und hocken uns auf die Einstiegstreppe. Hier sitzen wir oft.

„Bleibt es dabei, dass du deinen Geburtstag nicht feierst?", fragt Levke.

„Ich feiere doch!", protestiere ich. „Mit dir und Benny."

„Ja, im Jugendzentrum. In der Lounge. Die kleinste Feier aller Zeiten." Levke grinst.

„Na und? Vielleicht wird die kleinste Feier ja auch die schönste Feier."

„Ja. Könnte sein. Das bekommen wir hin."

„Wie findest du Joel?", frage ich. Er kommt mir gerade so in den Sinn.

„Den Typen aus der Zehn?"

Ich nicke.

„Ziemlich krass, würde ich sagen. Biste verknallt?"

Ich spüre, wie mir die Röte ins Gesicht schießt.

„Hey, Selina, da lässt sich doch was machen."

„Untersteh dich." Ich schaue extra finster und boxe ihr freundschaftlich in die Seite. Insgeheim wünsche ich mir, nichts gesagt zu haben. Die brachte es fertig und quatschte den Typen an.

Der Bus hält. Einige Jungs drängeln grob an uns vorbei und springen lässig aus dem Bus.

„Die sind so cool, die pieseln sogar Eiszapfen", lästere ich.

„Meine Eltern behaupten, du würdest mit deinem Einfluss meine Ausdrucksweise versauen. Kann ich gar nicht verstehen. Wir sprechen doch echt krass korrekt."

Wir lachen. Dann verquatschen wir den Rest der Zeit. Levke steigt vier Haltestellen vor mir aus. In diesem Stadtteil gibt es alte Villen mit großen Gärten, luxuriöse Neubauten und stylische Mehrfamilienhäuser mit Penthaus. Levke wohnt mit ihren Eltern in einem riesigen Bau. Unsere ganze Wohnung hätte in ihr Zimmer gepasst. Um ihre tollen Klamotten und die Bude beneide ich sie manchmal. Um ihre Eltern nicht unbedingt. Die haben fast nie Zeit, interessieren sich nur für Levkes Noten und bestimmen bereits jetzt, dass sie Zahnmedizin studieren soll. So eine Kacke. Meine Mutter würde mir da nie reinreden.

Wenn ich in die Nähe unseres Viertels komme, fällt die Unbeschwertheit von mir ab wie eine Maske. Einfach so. Es nieselt. Benny sitzt auf der Treppenstufe vor dem verranzten Wohnblock und heult.

„Was ist denn?"

Mein kleiner Bruder sieht zu mir auf. Seine Augen sind gerötet. Wenn er weint, steckt es mich fast an, ich könnte direkt mitheulen. Aber bringt ja nichts. Bevor er antwortet, schluchzt er nochmal. Ich kann ihn kaum verstehen.

„Mark und Timo haben mir meinen Hausschlüssel weggenommen.“ Er wischt sich mit dem Ärmel den Rotz aus dem Gesicht.

Ich schüttele den Kopf. Auch Grundschüler können schon die letzten Säcke sein. Ich nehme Benny an die Hand und ziehe ihn mit mir zum Nachbarblock. Da lugen die kleinen Arschlöcher hinter der Ecke hervor. Ich lasse Benny los und sprinte, was das Zeug hält. Bevor sich die zwei in den Fahrradschuppen verkriechen können, erwischte ich einen von ihnen am Kragen.

„Bennys Schlüssel, bitte“, sage ich. Meine Stimme ist ruhig und freundlich, die Drohung lege ich stattdessen in meinen Blick. Funktioniert prima. Ich nehme den Schlüssel an mich.

„Wenn ihr den Schlüssel noch einmal haben wollt, könnt ihr mich fragen.“

Ich lasse den Zwerg los und mache mich mit meinem Bruder vom Acker.

Leise schließe ich die Wohnungstür hinter uns.

„Schuhe aus“, sage ich. Benny stellt seine kleinen Sneaker ordentlich neben meine. Das sieht niedlich aus.

Mein erster Gang führt mich ins Wohnzimmer. Mama liegt auf der Couch. „Hast du noch Fieber?“, frage ich.

Sie schüttelt den Kopf und will sich aufraffen. Kommt ja gar nicht in Frage. Ich drücke sie zurück in die Kissen und lege meine Hand auf ihre Stirn. „Noch immer voll heiß. Wäre echt besser, wenn du zum Arzt gehst.“

Ich hätte auch mit der Wand oder alternativ mit einer Stubenfliege reden können. Auch wenn ich wusste, dass Mama nicht gehen würde, ich konnte sie ja jeden Tag damit nerven.

„Du brauchst das Essen nur warm zu machen“, sagt sie. „Steht alles fertig.“

Ist klar, sie hat wieder in der Küche gestanden, anstatt sich auszuruhen. Dabei weiß sie doch, dass wir auch mal ohne sie zurechtkommen. Ich nehme die Frischhaltedosen aus dem Kühlschrank, packe Benny und mir die Teller voll und schiebe sie nacheinander in die Microwelle. Es gibt Reis. Dazu eine Tomaten-Gemüsesoße mit Paprika, Mais und roten Linsen, die mit viel mildem Curry gewürzt ist. Das ist eines unserer Lieblingsgerichte. Ich kann das Gericht schon selbst kochen, denn ein paarmal haben wir es zusammen gemacht.

Nach dem Essen räume ich das Geschirr in die Spülmaschine, Benny wischt den Tisch ab.

„Wir machen erst Hausaufgaben, und dann gehst du raus zum Spielen.“ Ich nehme zwei Becher und eine Flasche Wasser mit. Er folgt mir in unser Zimmer. Ich hätte gern ein eigenes, aber die Wohnung ist zu klein. Mein Bereich ist mit zwei hohen Bücherregalen und einem Vorhang abgetrennt. Das hat Papa noch gemacht. Das war eine super Idee von ihm. Er hat nicht sehr lange mit uns hier gewohnt. Früher hatten wir eine Doppelhaushälfte. Nachdem er dann seine Arbeit verloren hat, sind wir hierhergezogen. Das ist jetzt schon fast drei Jahre her. Das mit dem Alkohol war schon schlimm. Ich weiß bis heute nicht, ob er die Arbeit verloren hat, weil er getrunken hat, oder ob er getrunken hat, weil die Arbeit weg war. Genau wie mit der Henne und dem Ei. Und nach dem x-ten Vorstellungsgespräch ist er dann in den Wald gegangen. Da haben sie ihn dann gefunden. Mama hat damals gesagt: „Gott hat sein Lasso ausgeworfen“. Den Sinn habe ich erst viel später verstanden.

Benny fischt seine Hefte aus der Schultasche und breitet sie auf dem Teppichboden aus. Dann legt er sich auf den Bauch, nimmt den Füller und beginnt zu schreiben. Ich kann auch am besten auf dem Bauch arbeiten. Wäre echt witzig, wenn wir so in der Schule herumliegen dürften. Wenn ich Lehrerin werden würde, dann nur in einer Liegeschule. Aber sowas müsste ja erst mal erfunden werden. Mama ist froh, dass ich mich um Bennys Schulsachen kümmere. Sie sagt, ich könne gut lernen und mich toll ausdrücken, das Talent hätte ich von Papa. Aber sie meint auch, ich wäre zu erwachsen für mein Alter. Kann schon sein. Ist egal, ich will auf keinen Fall so enden wie sie. Eigentlich ist sie intelligent und hat eine super Allgemeinbildung. Aber Mama hat immer Panik, allein zu sein. Ich kann das nicht verstehen. Sie würde problemlos klarkommen. Außerdem hat sie doch mich. Es liegt wohl daran, dass sie nie gelernt hat, allein zu leben, hat sie mal gesagt. Mit neunzehn direkt von zu Hause weggeheiratet, keine Ausbildung und dann gleich schwanger geworden. Immer jemand da, der sich gekümmert hat. Papa war sehr fürsorglich. Und jetzt hat sie Mattes, der ihr sagt, wo es lang geht. Der ist alles, nur nicht fürsorglich.

Zwei Stunden später treffe ich mich mit Levke im Jugendzentrum. Es ist schon einiges los. Wir sitzen in der Lounge, quatschen und trinken Kakao. Benny habe ich auf dem Spielplatz gelassen. Das Gelände liegt in der Nähe unseres Wohnblocks und wurde letztes Jahr saniert. Man sollte nicht glauben, dass es zwischen den schäbigen Wohnsilos einen so schönen Platz für Kinder gibt. Da sind nicht nur Sandkästen und Röhren zum Durchkriechen, es gibt auch eine Türmchenstadt aus Holz mit Hängebrücken, Rutschen und einer Seilbahn.

„Ich freu mich schon echt auf die Klassenfahrt, Selina." Levke strahlt mich an.

Mir liegt ein richtig dicker Stein im Magen. Ich habe ihr noch immer nicht gesagt, dass ich nicht mitfahren werde. Mir wird ganz anders zumute. Ich überlege, wie ich es ihr sagen kann, ohne sie zu sehr zu enttäuschen.

„Ich kann nicht mitfahren." Da ist es mir einfach rausgerutscht, geradeaus und ungeschönt.

Sie sieht mich nur an. Wären wir in einem Comic, hätte sie dicke Fragezeichen in den Augen. Vielleicht auch eine Gedankenblase über dem Kopf mit der Beschriftung „Selina ist blöd".

„Du machst Witze." Ihre Körperhaltung entspannt sich und ein Lächeln huscht über ihr Gesicht.

Sie nimmt mich nicht ernst.

„Ich kann nicht mitfahren, das ist kein Witz."

Da ist sie, die Enttäuschung. Levke kann sich nicht wirklich verstellen. Auch wenn sie schwindelt, sieht man es ihr sofort an. Meine Freundin könnte auf keinen Fall Schauspielerin werden.

Die Sekunden verstreichen in peinlicher Stille.

„Fehlt dir das Geld?“ fragt sie. Sie war nur einmal bei uns, oben vor der Wohnungstür, weil ich es nicht rechtzeitig auf die Straße geschafft habe. Ich wollte nie, dass sie sieht, wie ich wohne. Ist mir peinlich. Nennt man sozialer Brennpunkt. Ja, mir fehlt das Geld. Mama darf nicht arbeiten, Mattes hat es verboten. Er verdient nicht schlecht, gibt aber das meiste für sich selbst aus. Wir bekommen kein Taschengeld, und Mama gibt uns heimlich etwas von ihrem bisschen Haushaltsgeld ab. Aber das will ich nicht mehr. Jedes Mal gibt es Stress, wenn Mamas Geld verbraucht ist. Mattes sollte mal einkaufen gehen. Dann würde er sehen, wie teuer alles geworden ist.

„Ich kann mit meinen Eltern reden."

Ich tauche aus meinen Gedanken auf. Ihre Frage hatte ich gar nicht beantwortet.

„Auf keinen Fall, Levke. Das wäre mir unangenehm. Und meiner Mutter erst recht. Außerdem ist meine Mutter krank. Was ist, wenn sie noch ins Krankenhaus muss? Dann muss ich auf jeden Fall bei meinem Bruder bleiben."

Levke zieht einen Flunsch. Sie tut mir leid.

„Kann denn der Freund deiner Mutter nicht auf Benny aufpassen?"

„Der muss arbeiten", sage ich. Ich würde meinen Bruder nie mit Mattes allein lassen, denke ich für mich. Niemals!

„Das ist doch blöd", sagt Levke. „Ich hab keinen Bock, ohne dich zu fahren."

„Kann ich verstehen, ohne dich würde ich auch nicht auf Klassenfahrt gehen wollen. Können wir das Thema wechseln? Ich denk mal drüber nach, ob ich es noch irgendwie hinbekomme." Stattdessen würde ich mir etwas einfallen lassen, um definitiv nicht mitfahren zu müssen. Dabei konnte ich mir eigentlich nichts Schöneres vorstellen, als ein paar Tage mit Levke am Meer zu verbringen. Aber Benny und Mama kann ich auf keinen Fall allein lassen.

„Okay", sagt sie, und ich fühle mich schlecht. Wir holen uns noch einen Kakao.

„Was willst du später werden?", fragt Levke. „Mit deinem super Zeugnis kannst du alles machen."

„Ich hab ein paar Sachen, die mich interessieren. Und du?"

„Das war keine Antwort auf meine Frage. Komm, wir machen ein Spiel. Jeder von uns schreibt einen Zettel mit drei Berufen, die er machen will. Und wenn wir eine Übereinstimmung haben, dann planen wir das gemeinsam.“

„Sagst du das nur so, oder meinst du das ernst?“

„Das ist hundertprozentig mein voller Ernst.“

Ja, das wäre was, geht es mir durch den Kopf. Ein Lächeln huscht mir übers Gesicht. Ich gehe in den Nebenraum, um Zettel zu holen.

„Selina, malst du uns einen Hund?“, betteln zwei Mädchen, die am Maltisch sitzen. Sie sind häufiger im Jugendzentrum. Jedes Mal, wenn sie mich sehen, wollen sie etwas vorgezeichnet bekommen. Ich finde das nicht gut. Besser wäre, sie würden es selbst üben. Aber ich mag auch nicht nein sagen. Also male ich jeder einen Hund mit Schlappohren und einem buschigen Schwanz. Ich bin nicht zufrieden mit meiner Arbeit aber die Mädchen sind begeistert. Ich greife ein paar kleine

Zettel und zwei Bleistifte vom Maltisch und gehe zurück zu Levke. Wir überlegen und schreiben und überlegen und schreiben. Die Tür geht auf, Joel und Finn kommen rein. Mir schießt sofort die Röte ins Gesicht. Levke kichert.

„Was ist jetzt", frage ich. Einfach nur um sie abzulenken. Nicht, dass sie noch auf dumme Gedanken kommt.

„Ich bin fertig."

„Ich auch. Auf drei."

Wir zählen gemeinsam. Gleichzeitig legen wir die Zettel auf das Tischchen.

Auf Levkes Zettel steht:

Modedesignerin

Maskenbildnerin

Innenarchitektin

Zahnmedizin ist nicht dabei, hätte mich auch gewundert. Schauspielerin Gott sei Dank auch nicht.

Auf meinem Zettel steht:

Tierärztin

Meeresbiologin
Innenarchitektin

„Dann ist das jetzt beschlossene Sache", sagt Levke. „Wir werden Innenarchitektinnen, studieren zusammen und gründen gemeinsam eine Firma." Überschwänglich nimmt sie mich in die Arme. „Und du hilfst mir weiter mit Mathe. Den Mist brauche ich dann. Obwohl, Meeresbiologin wäre auch cool. Wir zwei auf einem Forschungsschiff in der Karibik."

Ich freue mich total, obwohl unser Plan weit in der Zukunft liegt. Vielleicht hat sich Mattes bis dahin in Luft aufgelöst. Manchmal habe ich schon darüber nachgedacht, ihn zu vergiften. Solche Gedanken schießen mir in den Kopf. Einfach so. Ich kann nichts dagegen machen. Aber dann würde ich sicher in ein Heim kommen. Levke würde ich dann nie wiedersehen und Benny und Mama wären allein. Wahrscheinlich hätte sie bald einen neuen

Kerl. Und ich wäre nicht da, um auf die beiden aufzupassen. Außerdem könnte ich das gar nicht. Einen Menschen töten. Auch Mattes nicht. Ich muss an Papa denken, er war zwar ein Trinker, aber er war nie gewalttätig.

Joel und Finn spielen Billard und es sieht verdammt lässig aus, wie sie ihre Kugeln spielen. Levke steht auf und geht zu ihnen. Selbst durch mein Zischen lässt sie sich nicht abhalten. Jetzt winkt Joel auch mich heran. Die nächste Runde spielen wir zu viert. Meine Beine sind dabei weich wie Butter. Jedes Mal, wenn ich dran bin und Joel mir den Queue in die Hand drückt, flattert mein Herz. Er riecht gut. Die meisten Jungen in unserer Klasse riechen nach Schweiß.

Mama hat den Tisch fürs Abendbrot gedeckt. Ihr Gesicht ist gerötet und ihre Augen sehen glasig aus.

„Wenn du die Grippe verschleppst, hast du irgendwann eine Herzentzündung. Das habe ich im Internet gelesen. Das ist echt gefährlich“, mahne ich. „Da kann man noch Jahre später einfach so tot umfallen.“

„Ich leg mich gleich wieder hin. Wo gehst du denn ins Internet?“ Sie wirkt besorgt, dabei weiß sie doch genau, dass ich mir keine grenzwertigen Sachen anschaue. Ich mag Manga-Filme, Tiervideos und alles mit Tanzen.

„In der Schule? Bei Levke?“ Ich lasse beide Antworten wie eine Frage klingen. Mattes ist der Meinung, dass wir keinen Computer brauchen. Für ihn gilt das allerdings nicht, er hat einen Laptop. Der liegt im verschlossenen Sideboard im Wohnzimmer. Nur mit seiner Erlaubnis und unter Aufsicht dürfen wir den benutzen.“

Mama setzt sich mit uns an den Tisch und trinkt einen Pfefferminztee. Benny schmiert sich fingerdick Nussnougatcreme auf sein Brot. Er bemüht sich, den Aufstrich gleichmäßig zu verteilen, eben und bis an die Brotkante. Mama lächelt, als sie das sieht, und ich finde es auch witzig. Er ist voll konzentriert und beachtet uns nicht. Dann höre ich, wie die Wohnungstür laut ins Schloss fällt. Fast eine halbe Stunde vor der Zeit. Mamas Blick verändert sich. Dann steht Mattes in der Tür.

„Wieso ist nicht für mich gedeckt", fragt er. Es klingt überaus freundlich, kein gutes Zeichen. Es ist so eine Art sarkastische Nettigkeit, die Mattes an sich hat, bevor es knallt.

Mama springt auf, viel zu schnell. Ich sehe, wie ihr schwindelig wird. Sie stützt sich am Tisch ab.

„Mama ist krank", sage ich. Am liebsten würde ich nichts sagen. Ich will ihn nicht provozieren. Aber wenn er so stumpf ist, dass er selbst nicht draufkommt, muss ich den Mund halt aufmachen.

„Verzieht euch“, sagt er. „Stell dich nicht so an“, raunzt er Mama an.

Benny schnappt sich sein Brot und flitzt in unser Zimmer. Ich greife die Henkel unserer Tassen mit der rechten und nehme meinen Teller in die linke Hand. Ich stelle die Sachen auf meinen Schreibtisch und schließe die Tür ab. Sicher ist sicher. Der Gedanke daran, dass Mama nun mit Mattes allein ist, zerreißt mir das Herz.

37:25 Stunden

Es klingelt zur Pause und wir verlassen das Schulgebäude. Es nieselt ganz leicht. Ich mag das. Levke und ich stellen uns mitten auf den Schulhof, breiten die Arme aus und schauen hinauf in den Regen. Zart benetzten die feinen Tröpfchen unsere Haut.

„Fühlst du was?", frage ich.

„Na klar." Levke zieht die Luft hörbar durch die Nase ein.

„Man spürt sein Gesicht gar nicht. Außer, wenn es nass wird, oder im Wind, oder wenn die Nase juckt und man sich kratzt. Oder man genießt die Wärme, wenn man in der Sonne liegt. Aber überleg mal, Levke. Die meiste Zeit bemerkt man nichts."

„Weil man nicht darauf achtet."

Ich drehe mich um mich selbst. Unter dem Pavillon entdecke ich einige Mädchen aus unserer Klasse, sie sehen in unsere Richtung. Dann lachen sie. Ich bin mir sicher, dass sie heftig über uns lästern. Dabei wissen sie gar nicht, was sie verpassen. Der Regen ist so fein, er fühlt sich wunderbar auf der Haut an. Die Mädchen haben auch schon mal versucht, Levke auf ihre Seite zu ziehen. Das würden sie aber nie schaffen. Und dann erblicke ich Joel. Er steht zusammen mit Finn im Regen, zwinkert uns zu und schaut dann in den Himmel. Diese Tussen sind mir doch sowas von egal.

Nach der Schule muss ich sofort nach Hause. Der Gedanke an Mama beunruhigt mich.

Ich weiß ja, dass es ihr heute genauso schlecht geht wie gestern. Vielleicht sogar schlechter. Benny hat draußen auf der Treppe gewartet. Er sieht mich schon von weitem, springt auf und läuft mir entgegen. Der ist echt flink, mit seinen kurzen Beinchen. Wenn es hart auf hart kommt, würde ich einfach die Wohnungstür aufreißen. „Lauf, Benny!“ Weg wäre er.

„Na, diesmal keine Schlüsseldiebe?“

Er schüttelt den Kopf.

„Ich habe nur zwei Fehler im Diktat.“

„Das ist ja super.“ Ich zeige ihm einen Doppeldaumen.

Beinahe geräuschlos schließe ich die Wohnungstür. Mama liegt auf der Couch. Sie schläft tief und fest, sie atmet gleichmäßig, aber es hört sich seltsam an. Heute sieht ihr Gesicht grau und verschwitzt aus, sie hat dunkle Ringe unter den Augen, wie verschmierter Kajal. Das macht mir wirklich Sorgen. Am liebsten würde ich einen Krankenwagen rufen. Doch das Drama vom letzten Mal steckt mir noch in den Knochen. Das kann ich nicht nochmal riskieren.

„Ich koche uns schnell was", sage ich. „Fang doch schon mit den Hausaufgaben an." Benny verschwindet in unser Zimmer und lässt die Tür weit auf, so dass er mich sehen kann. Ich schalte den Wasserkocher ein. Im Schrank sind noch Nudeln. Während die Teigwaren im offenen Topf schäumend kochen, schaue ich kurz im Wohnzimmer nach Mama. Sie schläft noch immer wie ein Stein. Die Nudeln essen wir mit Ketchup. Was auch sonst. Benny grinst mich an. Jetzt sieht er wie der Joker bei Batman aus. Ich könnte mich wegschmeißen. Rücklings lehne ich mich zur Anrichte und reiße ein Küchentuch von der Rolle. Damit wische ich ihm über den Mund.

„Ist lecker", sagt er.

Ich verstehe den Wink und schütte ihm den Rest der Nudeln auf den Teller. Ich beobachte ihn beim Essen. Wie glücklich er aussieht, nur weil es Nudeln gibt. Beim Aufräumen rutscht mir das Besteck vom Teller und fällt zu Boden. Es scheppert

„Selina?"

Ich bin heilfroh, ein Lebenszeichen aus dem Wohnzimmer zu hören, und lasse alles stehen und liegen.

„Mama."

„Wie spät ist es? Ich habe euch gar nichts zu essen gemacht."

„Macht nichts. Ich hab Nudeln gekocht."

Sie wirkt erleichtert. Dabei ist das Mittagessen echt das kleinste Problem.

„Du musst unbedingt zum Arzt. Du siehst richtig schlecht aus."

Sie winkt ab. „Es geht mir schon viel besser." Ihr Atem rasselt. Ne, denke ich. Es geht dir nicht besser. Du willst nur nicht, dass der Arzt beim Abhören deine ganzen Blutergüsse sieht. Ich schaue sie finster an. Ein kurzes Lächeln quält sich über ihr Gesicht.

„Mach dir doch nicht so viel Sorgen. Ich schlafe mich gesund."

Das sagt sie nur so. Es geht ihr jeden Tag schlechter. Ich weiß nicht, was ich tun soll.

Mattes kommt um sieben nach Hause. Er weiß, was zu tun ist. Er brüllt durch die Bude, weil kein Bier mehr da ist. Mama ist zu schwach, um einzukaufen, und ich habe kein Bier im Laden bekommen. Benny und ich sitzen in unserem Zimmer, ich habe die Tür abgeschlossen. Es hört sich an, als könnte es mal wieder eskalieren. Als Benny schläft, ziehe ich den Karton unter meinem Bett hervor. Darin liegt Levkes ausgedientes Handy. Sie hat es mir geschenkt. Mit der billigsten Prepaidkarte vom Discounter komme ich gut über die

Runden. Ich benutze es nur, um mit Levke zu schreiben. Ich könnte damit auch einen Notarztwagen rufen. Oder die Polizei. Mich beruhigt dieser Gedanke. Mattes weiß nichts von meinem Smartphone. Er denkt, dass außer seinem kein Handy in dieser Wohnung existiert. Wahrscheinlich glaubt er, so die absolute Kontrolle über uns zu haben. Ich nehme die Axt aus dem Karton. Die hat lange unten im Keller gelegen. Mit der hat Papa das Feuerholz für den Kaminofen geschlagen. Ich habe immer gestaunt, wieviel Kraft er hat. Die Holzscheite hat er mit einem Schlag zerteilt. Beim Aufräumen wollte Mama das Ding wegwerfen. Aber die Axt erinnert mich an unsere Zeit im Haus, an die Wintertage, wenn es draußen geregnet hat und wir alle zusammen am Ofen saßen. Papa hat das Holzschlagen sogar einmal mit mir geübt. Wenn ich daran zurückdenke, kann ich jetzt noch fühlen, wie seine warmen Hände meine ganz umschlossen haben. Mama hat erst geschimpft und sich dann doch über mein Feuerholz gefreut. Ich hatte Angst, ich könnte das irgendwann vergessen, deshalb habe ich das Ding versteckt. Und nachdem Mattes das letzte Mal so richtig ausgetickt ist, habe ich die Axt raufgeholt. Seitdem liegt sie unter meinem Bett, in dem Karton mit den Geheimnissen. Sie gibt mir ein Gefühl der Sicherheit.

Eine gefühlte Ewigkeit sitze ich mit dem Rücken gelehnt an der Zimmertür und lausche, das Handy in der linken, die Axt in der rechten Hand. Der Mond wirft sein blaues Licht durch die Ritzen der Jalousien. Mattes Stimme wird lauter. Ich schnappe nur undeutliche Wortfetzen auf. Zweimal höre ich es klatschen - Ohrfeigen. Mein Magen zieht sich zusammen. Ich schließe meine Finger so fest um den

Griff, dass mir das Daumengelenk wehtut. Ich muss an Levke denken, und daran, wie sich mein Gesicht im Nieselregen angefühlt hat. Jetzt spüre ich nur mein Herz, so, als wollte es raus aus meinem Körper. Irgendwann ist es still. Ich lege Handy und Axt in den Karton zurück, decke ihn mit einem alten T-Shirt ab, und stelle das löchrige Paar Turnschuh darauf. Dann schiebe ich das Paket unter das Bett, ganz bis hinten an die Wand. Ein paar Bücher platziere ich davor. Es sieht alles unauffällig aus. Ein gutes Versteck. Als ich ins Bett kriechen will, wird Benny wach. Er muss aufs Klo. Er hat sich auch schon mal in die Hosen gemacht, wenn er sich nicht über den Flur getraut hat. Ich schließe leise die Tür auf, alles ist dunkel. Mattes schläft vermutlich. Benny schleicht durch den dunklen Flur ins Bad. Als er zurück ist, sperre ich sofort wieder ab. Ich bin todmüde.

11:28 Stunden

Nach dem Unterricht spricht Frau Glesefeld mich an. Sie ist Vertrauenslehrerin und wir haben sie in Bio.

„Selina, geht es dir nicht gut?", fragt sie.

Ich fühle mich überrumpelt.

„Ich hab nur schlecht geschlafen." Das ist ja auch irgendwie die Wahrheit.

„Du schläfst häufiger mal schlecht, habe ich den Eindruck."

Ich blicke zu Boden.

„Wenn du mal reden möchtest, montags und mittwochs bin ich nachmittags im Schülerbüro."

Frau Glesefeld ist supernett. Sie würde sicher versuchen uns zu helfen. Aber das würde alles nur noch schlimmer machen. Wenn sie etwas wüsste, hätten wir bald das Jugendamt da. Ich will mit Benny bei Mama bleiben. Ob die das verstehen würden?

„Ne. Es ist alles in Ordnung." Mir fällt auf, wie hastig mir diese Antwort über die Lippen kommt. „Wirklich."

Ich quäle mir ein Lächeln raus. Als ich aus dem Klassenraum gehe, spüre ich ihren Blick in meinem Rücken. Er bohrt sich direkt durch die Wirbelsäule, krallt sich in mir fest. Mir schießen die Tränen in die Augen. Levke steht an der Treppe. Hastig wische ich mir mit dem Ärmel über das Gesicht.

„Was wollte die denn von dir?"

„Ach, nur wegen der Klassenfahrt." Es stinkt mir, meine Freundin zu belügen. Ich muss sofort wieder von dem leidigen Thema weg, das ich dummerweise selbst angeschnitten habe. Dass sie sich daran festbeißt, kann ich jetzt gar nicht gebrauchen. „Hast du Girlanden oder Ballons oder sowas? Dann können wir die Lounge ein bisschen schmücken."

Das war die Eingebung des Tages. Levke steigt mit Begeisterung auf das neue Thema ein. „Wir können nach der Schule zu uns fahren. Wir haben zwei Kartons im Abstellraum, nur mit solchen Partysachen. Da kannst du dir was aussuchen." Sie sieht mich an. „Meine Eltern sind nicht zu Hause."

Wir schütten den Inhalt der Tüten auf den Couchtisch der Lounge. Ich habe Benny ins Jugendzentrum mitgenommen. Er ist ganz begeistert, dass er uns beim Schmücken helfen darf. Karina ist Sozialarbeiterin hier. Sie holt uns eine Trittleiter und eine Ballonpumpe. Wir machen uns ans Werk. Benny greift sich die Pumpe, die fasziniert ihn am meisten. Wir erschrecken allesamt, als er versehentlich einen Ballon zum Platzen bringt. Joel und Finn lugen um die Ecke.

„Was geht denn hier ab?“, fragt Finn.

„Kleine Party morgen“, flötet Levke. „Selina hat Geburtstag.“

„Na ja. Wir feiern nur zu dritt. Levke, mein kleiner Bruder und ich. Aber ich würde mich freuen, wenn ihr hier morgen ein Stück Kuchen abgreift. Selbstgebacken.“ Ich habe keine Ahnung, was mich da gerade geritten hat. Aber ich bereue mein Vorpreschen nicht.

„Gern“, sagt Joel. Seine Stimme geht mir durch und durch. „Wann geht’s denn los?“

„So um vier.“

„Soll ich meine Soundbox mitbringen?“, fragt Joel.

Ich nicke. An Musik hatte ich bisher gar nicht gedacht. Ich freue mich total über diesen Vorschlag, besonders weil er von Joel kommt.

„Au ja“, ruft Benny. Er hüpft wie ein Flummi durch die Gegend und alle lachen.

„Können wir noch was helfen?“, fragt Finn. Dabei hat er schon eine Girlande in der Hand und steigt auf die Leiter.

Zu fünft bringen wir den Rest der Deko an. Die Lounge ist perfekt, alles knallbunt. Es sieht jetzt so richtig nach Party aus. Ich kann gar nicht sagen, wie sehr ich mich freue.

Auf dem Nachhauseweg schnürt sich meine Kehle zu. Mama wird nicht kommen können, so krank wie sie ist. Aber sie hat gemeint, ich soll auf jeden Fall feiern. Sie geht dann später mal mit mir ins Café. Nur wir zwei. Das wird schön.

Als wir unseren Wohnblock erreichen, schicke ich Benny schon nach oben. Diesmal wird sich Mattes nicht über das fehlende Bier beschweren können. Ich gehe in den Keller, da habe ich vor ein paar Tagen eine angebrochene Kiste Pils gesehen. Die gehört irgendeinem Nachbarn. Ich nehme zwei Flaschen raus und lege einen Zettel rein.

‚Ich habe zwei Falschen Bier ausgeliehen. Ich kaufe nächste Woche zwei neue. Vielen Dank! Selina‘

Mir wird wohl irgendwas einfallen. Vielleicht ist Mama dann wieder gesund und wir kaufen das Bier gemeinsam. Wenn es noch länger dauert, kann ich ja eine weitere Nachricht hinlegen und mich für die Wartezeit entschuldigen. Ja, so wird es gehen.

Wir backen Kuchen. Die ganze Wohnung riecht danach. Mama hängt schlaff auf dem Küchenstuhl. Aber sie hilft uns beim Zuckerguss und dann lässt Benny bunte Zuckerstreusel über den Kuchen rieseln. Als Mattes von der Arbeit kommt, steht der Kuchen noch zum Auskühlen auf der Anrichte. Was er wohl sagt.

„Halt dich mal gerade“, schnauzt er Mama an. Dann sieht er den Kuchen, bricht mit seiner dreckigen Pranke ein großes Stück ab und stopft es sich in den Mund.

„Ey.“ Der Protest rutscht mir überlaut raus. „Das ist mein Geburtstagskuchen.“

Er ignoriert mich. Ist auch besser so. Dann geht er an den Kühlschrank und greift sich eine Flasche Bier. Er stutzt.

„Wo kommt das Bier her?“ Er klingt wieder einmal gefährlich nett.

„Habe ich ausgeliehen“, sage ich. Genauso ist es ja auch.

„Jetzt klaut die kleine Göre auch noch“, motzt er.

Ich habe noch nie geklaut. Wie kann er sowas sagen?

„Vom Nachbarn. Frag doch nach“, rutscht es mir raus. Dabei weiß ich nicht einmal, welchem Nachbarn die Kiste gehört.

„Ausgeliehen. Das ich nicht lache. Wie kann man so kackendreist lügen.“

Mir reicht es. Ich nehme Benny an die Hand und will aus der Küche.

„Halt, Frollein.“ Er baut sich vor mir auf. Wie ein Schrank steht er vor mir und versperrt den Durchgang. „Eins sag ich dir. Klaust du noch einmal, dann ist was los! Hast du mich verstanden?“

Er wartet auf mein Nicken und bevor er so richtig ausrasten kann, nicke ich brav. Der Moment widert mich an.

„Und denk dran, Selina. Ab morgen bist du strafmündig.“

Rede doch keinen Scheiß, denke ich nur. Ich hab nichts Verbotenes gemacht.

„Und jetzt verzieht euch. Ich will hier nichts, aber auch gar nichts hören.“

Als ob er uns jemals hören würde, denke ich. Aber wenn man Angst hören könnte, dann würde ihm neben Benny das Trommelfell platzen.

Ich schließe die Zimmertür hinter uns ab.

„Ich bin leise“, sagt mein kleiner Bruder.

„Ich weiß“, erwidere ich und streichle ihm über den Kopf.

Lange ist nichts zu hören. Draußen ist es dunkel und Benny liegt nah an der Bettkante. Der kleine Leuchtbär in der Steckdose wirft sein bleiches Licht auf das blasse Gesicht. Benny sieht voll niedlich aus, wenn er schläft.

Alles ist ruhig. Ich ziehe mich aus und den Schlafanzug an. Eigentlich müsste ich noch zum Klo, aber im Flur brennt Licht, ich kann es unter der Türritze sehen. Mattes wird sich aufregen, wenn ich um diese Zeit noch da langlaufe. Und Mama wird's dann wieder abbekommen. Ich krieche ins Bett und starre auf den Lichtstreif unter der Tür. Schlafen kann ich nicht. Ich höre Mattes reden, kann aber nicht verstehen, was er sagt. Erst als er lauter wird bekomme ich mit, dass es noch immer um mich geht. Auch um Benny. Jetzt schreit er. Die Nachbarn interessiert es anscheinend nicht. Von denen hat noch nie einer die Polizei gerufen. Mattes Stimme überschlägt sich und ich höre nur Wortfetzten.

Göre – kriminelles, kleines Aas – Benny – Weichei – wenn die Alte nichts auf die Reihe kriegt – andere Seiten aufziehen – faul in der Wohnung liegen – die Kranke markieren - Saftladen

Es klatscht. Mit Ohrfeigen hält er sich meist nicht lange auf, das weiß ich. Jetzt höre ich Mama aufschluchzen. Alles zieht sich in mir zusammen. Ich rutsche aus dem Bett, lege mich auf den Boden, schiebe die Bücher unter dem Bett zur Seite und ziehe den Karton hervor. Ich nehme das Handy und die Axt. Genau wie gestern Nacht sitze ich mit dem Rücken an die Zimmertür gelehnt und lausche, das Handy in der linken, die Axt in der rechten Hand. Es ist wieder still. Aber ich weiß ja, dass es jederzeit wieder losgehen kann.

Manchmal kann es ewig dauern, bis Mattes sein Pulver verschossen hat. Wenn man denkt, er hat sich endlich beruhigt, dreht er wieder auf. Tränen sammeln sich in meinen Augen, als ich ihn wieder brüllen höre. So heftig war es lange nicht mehr. Ich muss an letztes Jahr denken, an die Nacht, als ich einfach aus der Wohnung gelaufen bin und bei irgendeiner Nachbarin geklingelt habe. Mama lag mit blutiger Nase in der Küche und Mattes war weg. Die Nachbarin hat den Notarztwagen gerufen. Aber Mattes war unten vor dem Wohnblock und hat geraucht. Er hat die Sanitäter direkt wieder weggeschickt. Danach hatten wir die Hölle hier oben.

Es ist wieder still. Ich habe überhaupt kein Zeitgefühl mehr. Es ist bestimmt schon Mitternacht. Meine Füße sind eiskalt. Benny schläft tief und fest. Vielleicht träumt er was Schönes. Ich sitze hier allein in der Wirklichkeit. Ich lege meine Stirn auf die Knie. Beinahe wäre ich eingenickt, da fährt mir ein Schrei bis in den Magen. Mama! Die Geräusche klingen wie eine handfeste Schlägerei. Meine Finger zittern, als ich die eins-eins-null wähle. Das habe ich noch nie gemacht. Der Polizist am anderen Ende ist sehr nett, aber er fragt gefühlt tausend Sachen. Und ich habe gefühlt keine Zeit mehr. Die Adresse weiß er und dass Mattes meine Mutter verprügelt. Ich höre meinen eigenen Atem, er ist viel zu laut. Meine Hände sind plötzlich kraftlos, das Handy fällt mir auf den Boden. Ich lasse es einfach liegen. Ich weiß nicht einmal, ob ich aufgelegt habe. Den Stiel der Axt umklammere ich so fest ich kann. Sie soll mir nicht auch noch aus der Hand rutschen. Ich zittere am ganzen Körper. Wann sie wohl losfahren? Ob sie das Blaulicht einschalten? Und wenn sie nicht rechtzeitig kommen? Es rumpelt laut, ich zucke zusammen. Benny ist wach geworden.

„Bleib im Bett. Decke über den Kopf," sage ich. Er gehorcht sofort. Ich ziehe mich mit der freien Hand an der Türklinke hoch, drehe den Schlüssel und werfe einen Blick in den Flur. Mama hat sich ins Schlafzimmer geflüchtet und drückt gegen die Tür. Doch sie hat keine Chance gegen Mattes Kräfte. Er schiebt sie mit dem Türblatt zurück und reißt sie an den Haaren zu sich in den Flur. Sie geht durch einen heftigen Schlag zu Boden. Ich höre, wie sie wimmert.

„... und das Geld verschwenden ...", brüllt er.

Er fasst sie am Arm und reißt sie hoch, nur um sie gleich wieder fallen zu lassen. Dann tritt er zu. Das hat er bisher noch nie getan. Mama krümmt sich auf dem Boden zusammen.

„Mattes!", schreie ich.

Es interessiert ihn nicht einmal.

„Hör auf!“ Jetzt bin ich noch lauter.

Ohne sich umzusehen, schlägt er hinter sich. Aber er verfehlt mich knapp.

Dann tritt er wieder.

Ich versuche ihn an seinem Unterhemd zurückzuziehen. Er stinkt nach Schweiß und Zigaretten. Kurz dreht er sich um und schallert mir eine, dass ich zu Boden gehe. Die Axt fällt mir aus der Hand, aber in seiner Rage hat er das nicht einmal bemerkt. Er hört nicht auf. Wie ein Irrer tritt er zu. Es scheint ihm egal zu sein, wo er Mama trifft. Meine Wange brennt wie verrückt. In meinem Ohr piept es. Ich kauere am Boden neben der offenen Küchentür. Mein Blick fällt auf den lädierten Geburtstagskuchen, dann sehe ich die Wanduhr.

Es ist sieben Minuten vor Mitternacht.

Ich greife die Axt und erhebe mich. Den Griff halte ich mit beiden Händen. Mein Körper bebt unkontrolliert, mein Atem geht ganz schnell. Dann hole ich aus.

ENDE

Die Autorin Rita Janaczek wurde 1967 in Legden im Münsterland geboren und lebt heute in Haselünne im Emsland. Ihre zwei erwachsenen Kinder sind ausgezogen, ihr Häuschen teilt sie mit Mann und Katze Fine. Sie schreibt Krimis und Kurzgeschichten, begeistert sich aber auch für andere Genres.

2013 gewann sie den 18. Münchner Kurzgeschichtenwettbewerb.

2022 war sie unter den Gewinnern des SpaceNet Award.
2023 gewann die Anthologie „Mensch 3.0", in der ihre Story „Miriam" veröffentlicht ist, den Goldenen Stephan.
Ebenfalls im Jahr 2023 schaffte sie es auf die Shortlist des Wettbewerbs „3. Oktober – Die Freiheit, die ich meine".
Ihr Kurzkrimi „Gabriel und die Frau in Schwarz" war 2024 für den Glauserpreis in der Kategorie Kurzkrimi nominiert.

Rita Janaczek ist Mitglied bei den „Mörderischen Schwestern" und beim „Syndikat".

Weitere Kurzgeschichten-Bücher der Autorin:

Beerdigung im Winter, Miniaturbuch
ISBN 978-3-95959-061-7, Euro 5,-

Tage und Wochen, Miniaturbuch
ISBN 978-3-95959-105-8, Euro 5,-

Hellblauer Waggon, Miniaturbuch
ISBN 978-3-95959-135-5, Euro 5,-

Vanillinzucker, Miniaturbuch
ISBN 978-3-95959-137-9, Euro 5,-

Zerspratzt, Miniaturbuch
ISBN 978-3-95959-166-9, Euro 5,-

Mörderisch nette Nachbarn, A6-Buch
ISBN 978-3-95959-350-2, Euro 5,50

Gabriel und die Frau in Schwarz, A6-Buch
ISBN 978-3-95959-371-7, Euro 5,50

www.machandel-verlag.de